Autor que ha ocupado el primer lugar
de ventas en el *New York Times*

John-Roger, DCE

con Betsy Alexander

Facetas del Amor

Facetas del Amor

OTROS LIBROS POR JOHN-ROGER, DCE

Abundancia y Conciencia Superior
Amando Cada Día
Amando Cada Día para los que Hacen la Paz
Amor Viviente del Corazón Espiritual
Caminando con el Señor
¿Cuándo Regresas a Casa? (con Pauli Sanderson, DCE)
Cumpliendo Tu Promesa Espiritual (en proceso de traducción al español)
Dios es tu Socio
El Alucinante Viaje Espiritual (con el Dr. Michael McBay, versión actualizada del libro Drogas)
El Camino de Salida
El Camino de Un Alma
El Cristo Interno y los Discípulos del Cristo
El Guerrero Espiritual
El Guía Espiritual
El Sendero a la Maestría
El Espíritu, el Sexo y Tú
El Tao del Espíritu
Esencia Divina (versión actualizada del libro Baraka)
La Conciencia del Alma
La Familia Espiritual
La Fuente de tu Poder
La Promesa Espiritual
Los Mundos Internos de la Meditación
Manual para el Uso de la Luz
Mi Diario con Preguntas y Respuestas desde el Corazón
Pasaje al Espíritu
Perdonar: La Llave del Reino
Preguntas y Respuestas Sobre la Vida
Protección Psíquica (Versión actualizada del libro Posesiones, Proyecciones y Entidades)
Relaciones - Amor, Matrimonio y Espíritu (versión actualizada)
Sabiduría Sin Tiempo, Vol. 1 y 2
Sabidurías del Corazón Espiritual
Un Pensamiento Positivo: El Lujo que Puedes Darte
Viajes Durante los Sueños (versión ampliada)

LIBROS POR JOHN-ROGER, DCE con PAUL KAYE, DCE

¿Cómo se Siente ser Tú?
El Descanso Pleno
Momentum: Dejar que el Amor Guíe
Servir y Dar: Portales a la Conciencia Superior
Viviendo los Principios Espirituales de Abundancia y Prosperidad, Volúmenes 1, 2 y 3
Viviendo los Principios Espirituales de Salud y Bienestar

Traducción por Nora Valenzuela,
revisión por Ana María Arango.

Mandeville Press
P.O. Box 513935
Los Angeles, CA 90051-1935 (EE.UU.)
jrbooks@mandevillepress.org
www.mandevillepress.org

Impreso en los Estados Unidos de Norteamérica
ISBN 978-1-936514-83-0

Facetas del Amor

John-Roger, DCE
con Betsy Alexander

MANDEVILLE PRESS
Los Angeles, California

Índice

[1] La palabra *staff* es un extranjerismo adoptado por el MSIA para referirse al personal que trabaja en los asuntos administrativos.

Prólogo

A veces, pienso que la conciencia de John-Roger es como una de esas esferas hechas con espejos que cuelgan del techo de una sala de baile. La luz brilla en cada una de las muchas facetas de la esfera, siendo cada faceta levemente diferente.

Me parece que la Luz que J-R hace brillar sobre mí es perfecta para mí y que esto se aplica igualmente a cada uno de los que él toca con su mensaje. A continuación encontrarán algunas historias extraídas del baúl de mis recuerdos y de cartas y memorandos sobre algunas de las experiencias con las que he sido bendecida por J-R, vistas desde la "faceta de Betsy".

Betsy Alexander

Abril 2013

Cómo Conocí a J-R

La primera vez que escuché acerca del Movimiento del Sendero Interno del Alma fue cuando vivía en Calexico, ciudad que por aquel entonces tenía unos diez mil habitantes, ubicada al este de San Diego, en el lado norteamericano de la frontera con México. Una amiga que yo tenía allí me contó un poco sobre el MSIA, pero yo me burlé de lo que ella me dijo, incluyendo a John-Roger: una persona con sólo nombre de pila y ¡más encima compuesto! Mi amiga fue indulgente con mi escepticismo.

Después de separarme de mi esposo, comencé a explorar la espiritualidad, empezando por el libro "*Aquí y Ahora*" de Ram Dass y el budismo Zen. Traté de meditar sin mucho éxito. Cierta vez que estaba intentando meditar, abrí los ojos y parado frente a mí, un poco hacia mi derecha, vi a J-R. Yo no lo conocía pero sabía que era J-R. Cerré los ojos y los volví a abrir: él seguía allí.

Ese verano (1973), los pies se me comenzaron a dormir. Me preocupé pensando que moriría de una muerte lenta —y para peor— cara. Yaciendo muy preocupada en mi cama una noche, recordé que Ram Dass decía en su libro: "*El gurú está dentro de ti*". Pensé: "John-Roger", e inmediatamente la paz me invadió y caí en un sueño profundo. Al día siguiente llamé al MSIA y ordené las Disertaciones. El entumecimiento de mis pies desapareció, lo mismo que cualquier preocupación que yo hubiera tenido acerca de ese nombre compuesto.

Siempre he pensado que si J-R fue capaz de encontrarme en Calexico, puede encontrar a cualquier persona, en cualquier lugar. Mucho después descubrí que él decía: "Este camino de la Trascendencia del Alma no es para todos en este momento. Este camino es para la gente que, antes de que este planeta fuera fundado, tenía "escrito en la frente" que ésta sería su oportunidad.

Conocí a J-R a nivel físico en la Conferencia del MSIA, en junio del año 1974, en el Auditorio Cívico de San Gabriel. En aquellos días la

Conferencia duraba sólo un día: una sesión por la mañana y una sesión por la tarde, con un receso para almorzar, durante el cual las personas podían comprar comida en el patio exterior. En el receso, mi amiga y yo caminábamos por el patio cuando nos encontramos por causalidad con J-R, quien estaba solo. Mi amiga nos presentó y nos dimos la mano. Dije: "Me siento feliz de estar aquí". Él y yo traíamos puestos anteojos oscuros y, a pesar de eso, pude ver sus ojos con toda claridad. Después de que se hubo marchado, le dije a mi amiga algo que no entendí bien en aquel momento: "Fue como darle la mano a Jesús."

En una carta que le escribí a J-R unos treinta años después, reflexionaba yo acerca de lo que el discípulo de Jesús, Pedro, le había dicho a Jesús (en respuesta a su pregunta: "No querrás irte también, ¿verdad?"). En mi carta, citaba la respuesta de Pedro a Jesús: "¿A dónde quién nos iríamos? Tú tienes la promesa de la vida eterna". J-R me contestó: "Conmigo". Creo que eso se puede aplicar a cualquiera que emprenda la Trascendencia del Alma con J-R.

Trabajando en el Staff del MSIA

Cuando tomé el Insight II, justo antes de la Conferencia del MSIA del año 1979, me di cuenta de que lo que yo realmente quería era trabajar para el MSIA. Durante la Conferencia le hice una emboscada a J-R, quien caminaba por el vestíbulo del Hotel Sheraton Universal:

—¿Puedo hablar contigo? —le pregunté.

—Cuánto tiempo necesitas —quiso saber.

—Treinta segundos.

—Está bien.

—Quiero trabajar para el MSIA —le dije.

J-R, haciendo una pausa, contestó:

—Habla con Pauli.

Se trataba de Pauli McGarry (ahora Sanderson), la administradora del MSIA.

Le escribí a Pauli a las oficinas del MSIA y ella me contestó con una carta muy amable, explicándome los requisitos que existían entonces para trabajar en el staff del MSIA (la mayoría de ellos vivía en Prana, etc.). Tardé cinco años, pero finalmente se concretó en 1984; por cierto, también descubrí que ser parte del staff era un entrenamiento en sí mismo.

Amor a toda Prueba

Hace poco, alguien me pidió que describiera el estilo de liderazgo de J-R desde mi experiencia personal, y éstas son las cualidades que enumeré: amor a toda prueba, honestidad, claridad, visión y capacidad de delegar/empoderar. Posteriormente, mientras trabajaba en este libro, me di cuenta de que la libertad era otro distintivo de su manera de enfocar las cosas. Voy a comenzar por su capacidad de amar, que creo es fundamental en cada cosa que él hace y es.

J-R ha dicho: "Amo porque *yo* amo". Entiendo que para que lo exprese así, el amor tiene que estar dentro de él y no depender de nada o de nadie fuera de él mismo.

Por ejemplo, en una situación legal que se produjo, durante la cual J-R tuvo que subir al estrado en varias oportunidades, me preguntó si yo quería asistir a una sesión, así que fui. Cuando nos marchábamos, la persona que había iniciado las acciones legales se subió al ascensor donde íbamos J-R y las personas que lo apoyábamos. J-R saludó a la persona con un gran abrazo y pude ver el amor en sus ojos. No creo que J-R mantenga ningún enemigo dentro de él. Para mí, éste fue un ejemplo imponente de lo que Jesús dice: "Ama a tus enemigos; haz el bien a aquellos que te puedan lastimar".

J-R también había escrito a principios de los noventa: "Cuando se trata de lo espiritual, nosotros siempre llevamos la delantera. Parece que nunca he estado ajeno a eso y, consecuentemente, me he acostumbrado bastante a la situación, lo que no la hace más fácil de ninguna manera, naturaleza o forma. Es que estoy familiarizado con los sentimientos 'negativos' que pueden acompañar a este tipo de trabajo. También sé que podemos despejarlos a todos ellos con amor, Luz y risas".

Una vez, una persona le preguntó a J-R si cierta mujer, famosa por su dedicación a ayudar a los pobres, se iría al reino del Alma cuando muriera, no necesitando encarnar nuevamente. J-R dijo que no, explicando que a esos efectos, ella amaba sólo a la gente *pobre*.

J-R me preguntó una noche sobre un proyecto de construcción del MSIA. Después de haberle hecho un informe del estado de las obras, me dijo que no había "ningún apuro en eso. Hacemos lo mejor que podemos con amor. Y si morimos en el trayecto, nos vamos al cielo".

En una ocasión, tal vez unos veinticinco años atrás, yo estaba muy molesta por una situación que se repetía constantemente. J-R me llamó y me dijo que saliera, que fuera a cenar y viera una película. También me dijo: "Si alguien te pregunta en qué andas, dile que estás haciendo un mandado para J-R". En menos de quince minutos yo me había marchado. Su cuidado significó mucho más para mí que lo que comí esa vez y la película que vi.

En un evento del MSIA, algunos de nosotros nos sentamos a charlar. J-R se sentó con nosotros y puso su brazo alrededor de una mujer. Al principio, la cercanía física de ellos me provocó un poco de celos. Pero al seguir observando, me di cuenta —y sentí— que el amor de él no era excluyente, que no era sólo para ella sino para todos nosotros, como si tuviera su brazo alrededor de cada uno de nosotros.

J-R es la persona más cariñosa que he conocido. Encontrarán más historias sobre esto en lo que queda del libro. En cualquier caso, creo que esto lo resume todo: al finalizar un email de trabajo dirigido a J-R con un "Te amo", él contestó: "Gracias. Con amor es cómo todo esto funciona".

Libertad

J-R también es la persona más libre que he conocido, componente fundamental, creo yo, de ser amoroso en el sentido más elevado. Él dice: "El Viajero es libertad, expresa libertad y otorga libertad". Mi personalidad adora el orden y la eficiencia y eso, a veces, puede interponerse con el amor y la libertad, y además puede terminar en burocracia. A continuación, algunas historias que me ayudaron a entender que ni J-R ni el MSIA se rigen por reglamentos.

Cuando J-R y algunos miembros del staff fueron por primera vez a Nigeria, a mediados de los ochenta, J-R aprobó la iniciación causal de un hombre que no estaba leyendo Disertaciones, y la iniciación se llevó a cabo. Posteriormente, el hombre no compró nunca las Disertaciones y ni siquiera se puso en contacto con nosotros.

Durante un verano, el personal de todas las organizaciones fundadas por J-R hizo un retiro en la propiedad que el MSIA tiene en Lake Arrowhead. Una tarde, vimos unas diapositivas de un reciente viaje PAT IV a Egipto e Israel. Entre ellas había una foto impresionante de una niña que sonreía, de unos quince años de edad. Según recuerdo, estaba de pie detrás de una cerca o puerta de hierro forjado; la chica se veía radiante. En preguntas que le hicieron después, creo recordar que J-R contó que recorriendo Egipto, oyó al Espíritu decirle cosas como: "Dobla a la derecha aquí, sigue de frente, dobla a la izquierda", etc., lo que lo había conducido a donde esta niña detrás de la cerca, y que la había iniciado: sin tonos de iniciación, simplemente con mirarla. Una persona del grupo en Arrowhead le preguntó si lo que había recibido era su iniciación causal y J-R contestó: "Recibió la iniciación del Alma".

A mediados de los setenta, Vincent Dupont le preguntó a J-R por qué el MSIA no tenía obligaciones para llevar a cabo la Trascendencia del Alma, como otros grupos que sí las tenían en lo que ellos enseñaban (por ejemplo, la forma de vestirse, qué cosas comer, etc.). J-R contestó que eso se debía a que él posee las veintisiete llaves de realización que corresponden a los veintisiete niveles por encima de Alma. Otras personas en otros grupos necesitan la disciplina o la experiencia que les proporcionan esos grupos.

J-R me comentó cierta vez que "si la gente no lee sus Disertaciones, pueden reencarnar y, entonces, retomar su proceso. Nosotros no interferimos". También dijo: "Yo no me inmiscuyo en tu vida física y no te digo qué hacer o qué no hacer. Eso es algo que tú debes decidir". Para mí, esto demuestra su profundo respeto por la persona y cómo honra las decisiones que ellos toman. En el respeto y honor que el demuestra existe una enorme libertad. Me encanta que esa actitud esté a la base del trabajo que hacemos en el MSIA.

En noviembre de 1974, me reuní con J-R para que me hiciera un Estudio de Luz. Antes de entrar a la sesión, un miembro del staff llenó un formulario que incluía una pregunta sobre el uso de drogas. Contesté que había fumado marihuana y tomado LSD. Cuando entré a la habitación en donde íbamos a hablar, J-R revisaba el formulario. Ni siquiera alcanzamos a sentarnos cuando J-R me preguntó: "¿Piensas iniciarte?". Sí. "Entonces, no más drogas". Eso fue todo lo que me dijo, y nunca me criticó o reprendió. Posteriormente, me di cuenta de que éste era un gran ejemplo de cómo J-R da la información y de cómo, luego, nosotros elegimos qué hacer con ella. Como él dice: "Siempre eres libre de aplicar el 'tómalo o déjalo'".

J-R nos ha dicho que nuestra misión como staff "es poner las enseñanzas del Viajero a disposición de aquellos que las están buscando". Y también ha aclarado: "Este Movimiento es para las personas que lo encuentran; nosotros no hacemos proselitismo. Si la gente nos encuentra, está bien. Y si no, está bien también. No nos enfocamos en la cantidad de personas que están estudiando en el Movimiento, y tampoco es necesario que los participantes del MSIA traigan a gente nueva, pero puede que eso suceda automáticamente sólo por el hecho de que vivan de acuerdo a las enseñanzas". Me encanta la libertad que hay en eso.

Alguien una vez se preocupó porque no se había invocado la Luz formalmente en un evento organizado por una de las organizaciones hermanas del MSIA. J-R escribió: "No puedo creer que alguien, en su sano juicio, crea que la Luz sólo se puede invocar verbalmente. Cualquier persona puede invocarla con sólo pensarlo. Claro que si son personas que dependen de un ritual, no van a creer que la Luz se hará presente en el grupo a menos que se realice el ritual. ¡Tonterías!". Y por supuesto que está bien que la gente invoque la Luz y cante en grupo el *Hu* (jiu) o el *Ani Hu* (anai-jiu).

Cierta vez que hablaba con J-R sobre un libro, me dijo que quería poner énfasis en una palabra y que, por lo tanto, la pusiera en mayúsculas. Basada en mi experiencia como editora académica de textos, le dije: "Para enfatizar algo hay que ponerlo en cursiva". Él dijo: "Ponlo en **negrita** también". No hace falta decir que ahí mismo lo solté, pensando —tal vez correctamente— que si continuaba, él diría que lo pusiera en ***NEGRITA, CURSIVA y MAYÚSCULAS.*** Ése fue otro ejemplo de cómo me ha enseñado a no ser esclava de las reglas.

Como una nota al margen, J-R me pidió una vez que fuera a su casa a trabajar sobre ese mismo libro. Creo que ésa era la primera vez que yo iba a reunirme con él a solas. Además de la ansiedad que sentía por ir a su casa, estaba nerviosa porque, en aquellos tiempos, J-R tenía dos perros Rottweiler gigantes que ladraban muy fuerte y tenían colmillos más grandes todavía. Cuando entré en la cocina, sin embargo, los perros dormían profundamente sobre el piso y no movieron ni una pata mientras estuve allí. Supongo que J-R captó mi inquietud y les dijo o les pidió a los perros que se durmieran.

J-R además de ser libre, es impredecible cuando habla. Uno de mis ejemplos favoritos de esto fue cuando una buena amiga mía decidió participar en un seminario que él iba a dar en Prana, algo que yo había esperado secretamente desde hacía años. Como ella era lesbiana, yo literalmente rogaba que J-R fuera lo menos sexista posible durante el seminario.

Antes de comenzar el seminario, fui al fondo del salón y le presenté mi amiga a J-R. Ella me sorprendió al decir que una vez había viajado en el mismo vuelo a México que él. Resultó que ella iba con su marido, y acotó que ahora estaban divorciados.

—¡Qué hace una mujer tan guapa como tú sin marido? —quiso saber J-R.

Yo empecé a ponerme nerviosa.

—¿Qué cree usted que una mujer debería buscar en un hombre? —le preguntó ella.

—Dinero.

Ahora sí que yo no podía más con mis nervios, así que me adelanté diciendo:

—Bueno, ¿y qué debería buscar un hombre en una mujer?

Dándome una rápida mirada y una pequeña sonrisa, contestó con un movimiento ad hoc de la mano:

—¡Tetas grandes!

Me sentí derrotada. Mi amiga y yo nos sentamos y ella dijo despacito: "¡Él sí que sabe cómo apretarle los botones a la gente!". Eso me hizo sentir un poco mejor. Y cuando definitivamente me sentí bien fue cuando me di cuenta de que J-R probablemente no podría decir nada "peor" en el seminario, que lo que ya le había dicho a ella, así que me relajé y disfruté de la velada. También aprendí la lección de no intentar manipularlo para que dijera o hiciera lo que yo quería.

Otra lección que recibí acerca de no intentar jugar con J-R ocurrió durante una fiesta de Navidad del staff en un restaurante. Al llegar, puse mi bolso y chaqueta sobre una silla y fui al baño. Cuando volví, me sorprendió encontrar a J-R sentado a mi izquierda. Durante la cena, charlamos sobre el premio de la *Integrity Foundation* (Fundación Integridad) al obispo Desmond Tutu. J-R parecía no recordar quién era el obispo Tutu y yo, haciéndome la graciosa, le dije: "Es el hombre bajito con el pelo rizado". Él me miró y me dijo en voz baja: "Me debes una".

Más tarde durante la cena, estaba yo hablando con alguien sentado frente a mí cuando de pronto, la mente se me puso en blanco y no pude articular palabra por algunos momentos. Lo único que me salió de los labios fue un: "¡Diablos!". Él me sonrió y me dijo: "Te dije que me debías una". Todos en la mesa nos largamos a reír, pero yo nunca descubrí cómo lo había hecho.

Como una segunda nota al margen, esa misma noche un miembro del staff que vivía en Prana mencionó que quería tener un perro. Me alegré al escuchar a J-R decir: "Nada de perros en Prana".

Honestidad

Una vez, intentando explicarle a J-R lo que sentía acerca de una situación determinada, recuerdo haberle dicho: "J-R, estoy tratando de ser honesta con esto". Su respuesta fue: "¡Tú no reconocerías la verdad aunque te besara la frente!". Me sentí choqueada y me quedé sin palabras. Me tomó un año entender lo que creo él trataba de decirme, que yo no quería ver la verdad sobre lo que realmente me estaba pasando porque era demasiado crítica conmigo misma.

Otra vez, yo estaba furiosa por la conducta de un miembro del staff con quien tenía que trabajar. Esa noche, J-R me llamó para preguntarme algunas cosas y, al final, quiso saber cómo estaba yo. Cuando le dije que estaba bien, volvió a preguntar: "¿Cómo estás?".

Pensé que él realmente quería saberlo o que, de hecho, ya lo sabía y me estaba dando la oportunidad de decírselo para que el pudiera ayudarme. Así que le conté lo que me había pasado con mi compañera de trabajo. J-R me dijo que le dijera a esa persona cómo me sentía; yo protesté: "Pero, J-R, ¡me voy a poner a llorar!".

—Ella tiene que saber cómo te sientes —me dijo.

Finalmente, hablé con la persona y efectivamente lloré, y la persona cambió. Fue otro recordatorio de ser honesto y de no pasar las cosas por alto.

Una tarde, le conté a J-R que cierta persona tenía meningitis viral, una enfermedad dolorosa y debilitante. Él comentó algo así como: "¡Es realmente difícil!", y después de una pausa, añadió: "Pero va a terminar". Me encantó que fuera honesto sobre lo difícil de la situación de esta persona, pero que luego agregara palabras de esperanza.

Años atrás, después de una serie de correos electrónicos que una cantidad de personas habían intercambiado sobre una situación que Paul Kaye había puesto sobre el tapete, Paul le escribió a J-R terminando su mensaje con un: "Siento haber creado este alboroto. Debería haber mantenido mi boca cerrada o, al menos, mi teclado". J-R le respondió: "De ninguna manera. La comunicación abierta es el alma de estas organizaciones".

En una ocasión, traté de encontrar una carta que J-R me había pedido. Después de registrar mis archivos, le dije que no la había podido encontrar. El se mostró reservado. Al día siguiente, o un poco después, me di cuenta de que no había revisado los archivos que guardo fuera de las oficinas. Fui y encontré la carta. Cuando lo llamé para decírselo y pedirle disculpas, dijo que el asunto no era problema, pero que lo habría sido si yo *no* se lo hubiera dicho. Hay que ser honesto y no guardarse la información.

Claridad

Como miembros del staff nos entrenan a que escribamos una minuta cada vez que se toman decisiones. J-R lo explicó así en una memorándum: "Desde siempre, tenemos la política de que todos los acuerdos verbales que se tomen, sean del tipo que sean, deben ser puestos por escrito; los simples acuerdos verbales no cuentan".

También se nos alienta a que nuestras comunicaciones sean claras, transparentes y concisas. Tuve una gran experiencia con esto años atrás, antes de que existiera el correo electrónico. Había épocas en que J-R y algunos miembros del staff se marchaban y recorrían varias partes de los Estados Unidos en viajes que se extendían a veces hasta por tres meses. Lo que hacíamos nosotros era enviarle memorándums por correo nocturno y, en ocasiones, él nos daba su opinión por teléfono usando a alguno de los miembros del staff que lo acompañaban. J-R decía una frase y la persona me la repetía; y esto se sucedía hasta que el mensaje completo de J-R me había sido comunicado.

Una tarde, recibí un llamado de John Morton diciendo que J-R quería que le aclarara algo que yo le había enviado. Caí en cuenta de que algo que yo le había escrito podía ser malinterpretado, así que le expliqué lo que había querido decir. John se lo transmitió a J-R y, acto seguido, me empezó a repetir la respuesta de J-R en frases textuales:

—J-R dice…

—si no puedes dar información clara…

—entonces, ¡cierra el puto hocico!

Al poco rato de haber colgado, estallé en carcajadas. Me sentía extasiada. ¡Finalmente había sucedido! J-R me había tratado como a uno más de su equipo masculino.

Visión

Cuando J-R recibió las llaves de la Conciencia del Viajero Místico (entre el 3 y el 23 de diciembre de 1963), no sé si previó las organizaciones que se formarían en torno a él durante los años venideros, y le he oído decir varias veces que él nunca quiso formar una organización, ya que las organizaciones pueden convertirse en "monstruos". De hecho, el MSIA no fue incorporado como una iglesia sino hasta enero de 1971.

J-R también ha dicho: "El Movimiento del Sendero Interno del Alma (MSIA) no es necesario para el trabajo del Viajero en la Trascendencia del Alma. Es una estructura eclesiástica para efectos legales". Agregó que "el Viajero está usando en este momento al MSIA como un vehículo para apoyar su trabajo en el nivel físico". Esto, para mí, es otro maravilloso ejemplo de la libertad de J-R.

Pero como trabajo para el MSIA, me siento muy apegada a éste. Una vez se lo dije a J-R y creo que le agradecí por preocuparse del MSIA. Me dijo: "El MSIA es mi 'bebé', y yo no mato bebés". En repetidas ocasiones, también lo he visto orientar y corregir la forma en que funciona el MSIA a nivel organizativo y la manera en que nosotros en el staff trabajamos en él.

Por ejemplo, una vez un miembro del staff quiso instaurar procedimientos que no se condecían con el enfoque del MSIA, en el sentido de simplemente dar la información y luego dejar que la gente tome sus propias decisiones. J-R dijo que los cambios propuestos no se implementarían porque la persona tenía un "punto de vista correcto en el nivel físico del ego, pero no en el nivel espiritual". Estoy profundamente agradecida de trabajar y estar involucrada en una organización que, gracias a J-R, es dirigida verdaderamente por el Espíritu.

Creo que la visión de J-R es multidimensional. Una vez me dijo: "La capacidad de ver está por encima de todo". Tengo mis experiencias internas al respecto y también he tenido otras en este nivel. Por ejemplo, recuerdo una vez en que él y yo estábamos trabajando por teléfono una noche y en la mitad de la conversación dijo: "Va a haber un temblor". A los diez segundos sentí un pequeño remezón. Le pregunté cómo lo había sabido y me dijo que lo había visto.

También he escuchado historias en relación a cómo J-R trazó los senderos de la propiedad de Lake Arrowhead para que no transgredieran las zonas en donde había devas[2], los que aparentemente él podía ver.

La siguiente historia tal vez no se ajuste exactamente a la categoría de tener "visión", pero me gusta mucho. Una vez vi a un hombre pedirle a J-R que bendijera un anillo de bodas (tal vez hayan sido dos). J-R sostuvo el anillo en sus manos y afirmó: "Esto ya fue bendecido por un Viajero". El hombre dijo que no era posible porque recientemente lo había hecho hacer a la medida. J-R repitió lo que había dicho. Entonces, el hombre se acordó que el metal del anillo provenía, al menos en parte, de su anillo de bodas anterior, el cual había sido derretido y utilizado para fabricar el anillo nuevo. J-R, de hecho, ya había bendecido el primer anillo.

---

[2] Se dice que los *devas* y los elementales son seres celestiales, encargados de la formación y cuidado de la *naturaleza*, así como también de la vida en la Tierra.

Un par de años atrás, después de un evento en Prana, J-R me llamó a un lado y me dijo: "Deberíamos escribir un libro juntos". De alguna manera, yo como que ignoré este comentario porque a mí lo que me gustaba era editar y corregir los libros que él escribía, pero no quería convertirme en "co-autora". A pesar de eso, nunca lo descarté totalmente ya que pensé que probablemente él estaría viendo algo que yo no podía ver aún. Durante la Conferencia del MSIA de 2012, recién me empezaron a surgir ideas de cómo escribir un libro con él, y entonces me sumergí en la gran diversión y alegría de recordar historias y revisar mis anotaciones y cartas.

También recomiendo de corazón las historias de Pauli McGarry Sanderson sobre J-R, los comienzos del MSIA y cómo éste fue creciendo. Se encuentran en el libro "*Fulfilling Your Spiritual Promise*" (Cumpliendo tu Promesa Espiritual)[3], en un capítulo titulado "Historia Informal del MSIA". Creo que capta de una manera maravillosa el espíritu, la energía y la diversión de aquella época.

---

[3] Este libro de J-R en tres tomos, está siendo traducido al español actualmente y se espera que esté publicado para diciembre de 2014.

Una anécdota más personal me sucedió en un evento del MSIA que incluyó un paseo en barco en San Diego. En ese momento, yo atravesaba por algunas dificultades y estaba triste. En el barco, J-R y yo coincidimos en la cubierta para contemplar el océano. Él me hizo notar cómo la luz del sol brillaba en el agua y dijo: "Así es cómo se ven las Almas antes de encarnar". Lo que dijo hizo que mi perspectiva se elevara por sobre mi situación inmediata y me recordó que había una perspectiva más amplia, la visión superior.

Pienso que J-R sostiene esa visión superior para todos nosotros, viéndonos como lo que realmente somos: Almas. Entonces, incluso cuando estamos hundidos en nuestro karma, él lo atraviesa con nosotros, pero conociendo nuestra verdad espiritual.

Capacidad de Delegar/ Empoderar

J-R es la clase de jefe que a mí me gusta, es decir, lo contrario a un supervisor preocupado del detalle. Me deja a mí a cargo de diversos proyectos una vez que él los ha aprobado, y está a mi disposición para cualquier pregunta que me surja. Y definitivamente ha cumplido con lo que me dijo una vez en los años setenta, durante un retiro en Lake Arrowhead. Yo trabajaba con un grupo que colocaba postes telefónicos en la pendiente de un cerro para construir una especie de anfiteatro. Me sentía molesta con la persona al mando del grupo porque, según yo, no era lo suficientemente eficiente como yo creía que debería ser. J-R pasó por ahí y me preguntó cómo estaba. Probablemente le contesté que bien. Dijo:

"Sabes, hay más de una manera correcta de hacer las cosas".

Gracias al aliciente de J-R, he dejado volar mi creatividad. He cometido un montón de errores, pero espero haber aprendido de ellos. Cuando hago bien mi trabajo, siento una satisfacción profunda de poder ayudarle y serle útil. Tal vez, él hubiera hecho lo mismo de una manera diferente, pero hay más de una manera correcta de hacer las cosas. Además, si él —desde el comienzo mismo de su labor— no hubiera delegado funciones en el staff y en otros, ninguno de nosotros habría tenido la oportunidad de compartir la alegría y las bendiciones de hacer este trabajo. Como él dice, parte de lo que él enseña es a "amar, cuidar y *compartir*".

J-R también ha dicho que "la voluntad de hacer algo otorga la capacidad de hacerlo, y que la recompensa del hacer es la capacidad de hacer aún más". En los momentos en que estuve sobrecargada de trabajo, esta afirmación me pareció deprimente. Luego, caí en cuenta de que él me seguía dando oportunidades de hacer cosas para que me pudiera expandir tanto interna como externamente, lo que a su vez me permitió pasarla bien y disfrutar con el cumplimiento de la tarea.

Aunque J-R no sea un supervisor preocupado del detalle, es bastante preciso cuando es necesario. Por ejemplo, una vez en Prana, lo acompañe cuando le enseñaba el lugar a alguien. En el Departamento de Productos se detuvo delante de la nueva edición de las Disertaciones y tomó la Disertación No. 1. Sosteniendo la Disertación a un costado de su cara y mirándome directamente a los ojos, rápidamente hojeó las páginas de la Disertación y exclamó: "No tiene errores". ¡Qué alivio! Había sido yo quien las había revisado.

También, en cierta ocasión, le envié a J-R una carta de alguien y él insistió en hacerme preguntas discretas sobre el tema. Finalmente, me decidí a revisar toda la información que yo le había dado y descubrí que el nombre de la persona en cuestión era incorrecto. Cuando se lo mencioné, me dijo que ya sabía que el nombre no correspondía. Luego, agregó algo que caló mucho más hondo en mí que cualquier reflexión que yo pudiera haber hecho al respecto: "Cuento contigo para que me des información correcta". ¡Qué increíble saber que contaba conmigo! Eso me hizo querer ser más confiable aún y es otra manera en que él me ha empoderado.

Más Historias Sobre el Staff

En el transcurso de los años, en ocasiones he dado mi opinión sobre algunas situaciones tanto en el trabajo como en Prana, y las veces en que J-R ha estado de acuerdo conmigo, me alegra comprobar que estoy en sintonía. No estoy diciendo que siempre esté de acuerdo conmigo. Por ejemplo, una vez escribí un memorándum explicando mi punto de vista sobre un asunto y lo que debíamos hacer al respecto. J-R lo rechazó y explicó claramente sus razones. Terminó su mensaje diciendo: "Te amo y amo tu capacidad para pensar de manera independiente de la así llamada 'política del partido".

Veo esa misma actitud en dos cosas que le he oído decir muchas veces a lo largo de los años. La primera: "Haz las preguntas 'tontas' para comprender una situación". La segunda: "Sé honesto a nivel intelectual" y toma en consideración ambos (todos los) lados de cualquier pregunta o situación. Por mi experiencia durante todos estos años, J-R jamás ha tenido un problema para escuchar ideas y puntos de vista que difieran de los de él. De hecho, los ha agradecido.

En una ocasión en que él y yo trabajábamos al teléfono, le mencioné a J-R, probablemente con un dejo de cansancio en mi voz: "En estos momentos estoy copada de cartas". Su comentario fue que después de una comida en que se reúne toda la familia, hay un montón de platos sucios que lavar, y eso quiere decir que todos fueron bien alimentados. ¡Qué manera tan maravillosa de redefinirlo!

Hubo una época en que teníamos un montón de problemas con nuestro sistema de computación y con las fotocopiadoras. Se lo conté a J-R, pidiéndole que lo pusiera en la Luz, y la sugerencia que él nos dio fue ir donde cada una de las computadoras y fotocopiadoras de las oficinas y bendecirlas y llenarlas de Luz. Algunos de nosotros lo hicimos y, según recuerdo, los problemas desaparecieron.

En un evento, se le preguntó a J-R sobre la técnica de quemar sales de Epson con alcohol a fin de despejar el salón durante los recesos; él respondió: "Eso es pagano. Y, además, si queman alcohol, tengan cuidado con las entidades alcohólicas ya que ellas disfrutan con este tipo de cosas". En vez de eso, J-R recomendó que para despejar el salón, los asistentes y los facilitadores invocaran la Luz durante los recesos.

En los comienzos de mi carrera profesional en el staff, cierta vez trataba yo de trabajar con él por teléfono, pero él tenía su teléfono en modo de altavoz lo que me dificultaba mucho entenderle lo que decía. Cuando finalizamos la llamada, recuerdo haberle dicho a otro miembro del staff con algo de vehemencia: "¡Si quiere hablar conmigo, *que levante el auricular*!". A los diez minutos me volvió a llamar, sin altavoz esta vez. Parece que me oyó.

Y hablando de teléfonos, un día de Navidad, revisando el contestador automático me encontré con un mensaje de J-R. Le devolví la llamada y le dije algo así como: "Es Navidad y tú estás trabajando". Él me contestó: "Siempre estoy trabajando".

Cuídate

Una de las reglas fundamentales del MSIA dice así: "Cuídate para que puedas ayudar a cuidar a los demás". J-R sostiene que la forma en que nos cuidamos a nosotros mismos es responsabilidad nuestra; él no le dice a la gente lo que tienen que hacer y tampoco interfiere en sus decisiones. Para mí, eso es parte de la libertad que caracteriza todo lo que J-R hace. Veámoslo desde su perspectiva. Alguien le escribió a J-R agradeciéndole "toda tu paciencia y disposición a dejarnos aprender lo que tenemos que aprender". La respuesta de J-R fue: "Ésa ha sido mi mayor lucha en el plano físico". A continuación, narro un par de experiencias que tuvieron un impacto sobre mí.

Cierta vez, durante un período en que yo estaba sobrecargada de trabajo, J-R llamó a la oficina cerca de la medianoche. Cuando contesté el teléfono, me preguntó que por qué estaba trabajando tan tarde. Con un dejo de autocompasión en la voz, le dije: "Es que hay tanto trabajo". Él contestó que si se me acababan las tareas, me quedaría sin trabajo. Y también agregó algo acerca de cuidarme o lo que yo sentía "podría convertirse en resentimiento".

Otra vez, en que yo estaba muy preocupada porque una compañera de trabajo andaba realmente cansada y, en mi mente, estaba a punto de colapsar, se lo mencioné a J-R en un correo electrónico con el secreto propósito de que J-R interviniera y cambiara las cosas. La respuesta que J-R me dio fue: "Supongo que a la persona le gusta". Ése fue otro recordatorio para mí de que somos responsables de las cosas que elegimos.

Perfección

En una ocasión, una mujer que trabajaba en el staff le envió a J-R una cruz para que se la bendijera. Meses más tarde, la cruz aún no llegaba de vuelta a través del correo interno. De tanto en tanto, yo me preocupaba del asunto y me preguntaba la razón de la demora. La mujer en cuestión tenía una relación muy estrecha con otra señora que era como su madre. Cuando la anciana murió, la mujer sufrió mucho. El día que regresó al trabajo, su cruz bendecida por J-R había llegado de vuelta. ¡En el momento perfecto!

J-R una vez le escribió a un gerente: "No quiero que las cosas funcionen a la perfección, de lo contrario el equipo no tendrá oportunidad de trabajar el karma. Pero hazles saber cuando veas que su rendimiento a nivel físico no cumple con lo esperado".

Cierta vez, una mujer que no paraba de alardear sobre las cosas importantes que había hecho, la gente famosa que conocía, etc., me sacó de las casillas. Se lo mencioné a J-R y el dijo con un tono de voz completamente neutral: "Ella siempre se está promoviendo". Su neutralidad me desinfló totalmente. Es otro ejemplo de cómo él describe simplemente lo que sucede sin juzgarlo, y tampoco me hizo sentir equivocada a mí o a ella. Eso también me trajo a la mente algo que él acostumbra a decir: "El mundo es perfecto. Simplemente a ti no te gusta así".

J-R me animó a aplicar esa óptica de lo "perfecto" en mí misma cierta vez que le escribí una carta bastante teórica acerca de aprender a cambiarme a mí misma. Su respuesta certera: "El aprendizaje de algo se manifiesta en un cambio de comportamiento, no en pensamientos teóricos verbalizados". Y al final agregó: "Date un respiro y no pongas esto en la categoría de 'ser perfecto'. Si vamos a hacer este trabajo, tratemos de divertirnos tanto como nos sea posible."

J-R también lo ha expresado de esta manera: "Aunque las cosas que hacemos en este mundo físico puedan tergiversar continuamente la verdad de quienes somos, no olvidemos nunca, ni por un segundo, que la chispa divina que es Dios vive dentro de cada uno de nosotros. Y después de que todo haya sido dicho y hecho, descubrirás que has estado caminando con tu propio Bienamado por muchos, muchos eones de tiempo. Y una de tus grandes realizaciones será que, en todo momento, todo era absolutamente perfecto dentro de ti."

Libros

A fines de los años setenta, viviendo en Fresno, California, decidí renunciar a mi trabajo e irme a vivir a Pasadena para estar más cerca de las actividades del MSIA. Antes de mudarme, soñé que J-R me abrazaba y me preguntaba: "¿Quieres casarte o escribir un libro sobre el MSIA y trabajar para mí?". Y yo le contestaba: "Trabajar para ti".

Me incorporé al staff del MSIA en 1984 y seguí esperando que se manifestara el libro del que él me había hablado en aquel sueño. En 1991, comencé a pensar en lo que posteriormente se convertiría en el libro "*Fulfilling Your Spiritual Promise*" (Cumpliendo tu Promesa Espiritual), que se publicó (en inglés) a fines de 2006. Un poco antes de su publicación, como disculpándome, le mencioné a J-R los muchos años que yo me estaba tardando en completarlo. Su comentario fue algo así como que él sabía que para llevarlo a cabo se necesitaba a alguien con "perseverancia y paciencia". Eso me alivió.

J-R es magistral cuando se trata de editar textos. Por ejemplo, cuando yo estaba compilando el material para el libro "*Fulfilling Your Spiritual Promise*" (Cumpliendo tu Promesa Espiritual), la siguiente frase figuraba en un capítulo: "Juzgar expulsa al Cristo". Como era costumbre con cada uno de sus libros, le envié ese capítulo para que lo revisara. Cuando me lo devolvió, vi que había editado esa frase y que ésta había quedado así: "Juzgar trata de expulsar al Cristo". En otro momento, cambió: "El Viajero es el corazón del universo" por "El Viajero es el corazón de todos los universos".

Y J-R es claro en que es el Espíritu quien hace el trabajo. Una vez editó un artículo que alguien había escrito para un boletín del MSIA, eliminando el último párrafo que hablaba sobre él, haciendo la siguiente acotación: "Es mejor no incentivar a la gente con la (mi) forma física cuando es la forma espiritual la que hace el trabajo." En otra ocasión, le escribió a alguien: "Cuando el Espíritu abraza a la gente a través de mí, generalmente sus vidas experimentan cambios muy hermosos".

"Omita las Palabras Innecesarias"

El libro "*Los Elementos del Estilo*" por William Strunk Jr. y E.B. White, incluye la siguiente recomendación como uno de los Principios Elementales de la Composición: "Omita las palabras innecesarias". J-R es un maestro en esto: con unas pocas palabras ha cambiado mi manera de ver las cosas y mi vida. A continuación, algunas de mis historias favoritas.

En un evento del MSIA, J-R describió una técnica que podíamos utilizar para protegernos espiritualmente. Según recuerdo, en relación a esto dijo que la práctica nuestra de esta técnica le dificultaría las cosas a los Viajeros. Preocupada, le pregunté que qué podíamos hacer para facilitarles las cosas. Su respuesta fue: "Sé amable". Todavía estoy trabajando en eso.

Un residente de Prana le escribió cierta vez a J-R acerca del hecho de que se hubieran cortado varios árboles del huerto, diciéndole que se sentía triste cada vez que miraba donde solían estar los árboles. La respuesta de J-R fue: "Deja de mirar". Lo he puesto en práctica desde entonces, especialmente cuando se trata de las noticias.

Después de haber estado trabajando en el staff unos quince años, le escribí a J-R diciéndole que me sentía culpable de no estar trabajando la misma cantidad de horas que trabajaba cuando comencé, de que mi rendimiento hubiera bajado, etc., y le pedí que me dijera cómo estaba haciendo mi trabajo. Su respuesta fue: "Sé feliz".

Una vez, fuimos en grupo a ver una película en Santa Mónica. Camino al cine encontramos un camión detenido en medio de la acera, con su extremo posterior sobre la calle, lo que me obligó a frenar a unos tres o cuatro metros de él. Inmediatamente el camión comenzó a retroceder y, a pesar de mis bocinazos, se incrustó en el parachoques delantero del coche que yo conducía. El conductor se bajó, reconoció que había sido enteramente su culpa y me dio el número telefónico de su empresa. Cuando llamé a la empresa, unos diez minutos más tarde, me comunicaron con su jefe, quien me dijo que había hablado con el conductor y que la culpa era mía porque cada vez que ocurría un choque posterior, el culpable era siempre el otro vehículo. Yo me indigné, pero él no dio su brazo a torcer.

Cuando me crucé con J-R en la entrada del teatro, le conté lo que había pasado y finalice mi historia con un: "¡J-R, él *mintió*!". J-R contestó: "Les he dicho a menudo que 'la gente miente'". Ese breve recordatorio de que la "gente miente" me ayudó a controlar mi furia y frustración, y también el hecho de que él se quedara un rato conversando conmigo y con otros mientras yo me tranquilizaba.

Años atrás, una persona del staff y yo teníamos bastantes problemas en el trabajo. Le escribí a J-R acerca de la situación, con copia a la otra persona, y le pedí que nos enviara la Luz y nos diera algún consejo. Nos contestó a ambas: "Dejen de joderse mutuamente". Me sentí un poco avergonzada en el momento, pero ahora me parece gracioso y la directriz fue sumamente clara. Otra oportunidad para aplicar: "Sé amable".

Hace años, en una ocasión yo le había estado escribiendo a J-R bastante a menudo sobre una situación personal difícil por la que estaba atravesando. Después de varias semanas, me lo encontré en un evento en Prana y le dije que había dado por terminada la situación, agregando, "Me tiene aburrida". Con una sonrisa, me dijo: "*A ti* te tiene aburrida." El hombre definitivamente tiene paciencia.

Y el hombre también es divertido. Durante una reunión del staff, antes de comenzar la pregunta que le iba a hacer, le dije: "Eres la bendición más grande que hay en mi vida". Su comentario fue: "Y si yo subiera un poco más de peso, sería una bendición mucho más grande aún". Su chiste me ayudó a relajarme.

En una oportunidad, J-R co-facilitó un evento con otra persona. Una participante, que tenía una personalidad bastante fuerte, hizo una pregunta y se enfrascó en un tira y afloja verbal con el co-facilitador, quien a su vez era bastante fuerte. Mientras los humos se calentaban, J-R se recostó en el piso, apoyó la cabeza en un brazo y dijo: "¡Pelea!". Todos estallamos en carcajadas. Los dos se mostraron un poco renuentes a continuar, pero J-R los azuzó: "¡Pelea! ¡Pelea!". Como seguimos riéndonos y aplaudiendo, ambos trataron de discutir un poco más pero fueron perdiendo fuerza hasta terminar con un cese al fuego de buen ánimo. Para mí, ésa fue una gran lección sobre la posibilidad de disfrutar, en vez de molestarse por las expresiones de la gente.

En las reuniones mensuales que teníamos los residentes de Prana, solíamos tener repetidas y aparentemente interminables discusiones sobre la tenencia de gatos, aunque las reglas estipulan que "no se aceptan mascotas en Prana". A principios de los noventa, un miembro del staff tomó notas en una de estas discusiones y se las mandó a J-R. Su respuesta se cuenta entre una de mis favoritas de todos los tiempos: "Tu trabajo en Prana no es pelear por gatitas, sino que es la Trascendencia del Alma. Si alguien trata de bajar tu perspectiva al nivel de las gatitas, ¡resiste! Claro, a menos que esa gatita también esté dedicada a la Trascendencia del Alma".

Un año más tarde, aproximadamente, el tema de los gatos volvió a surgir en una reunión de Prana. Un residente le escribió a J-R al respecto, quien respondió: "Si la gente en Prana dedicara toda esa energía a su Alma o a encontrarla, ya estarían en el 'cielo'. Así que, ¿para qué perder el tiempo con gatos o con cualquier otro animal? J-R ciertamente no lo hace". No recuerdo otros memorándums sobre gatos después de eso.

Además de responder de manera sucinta, directo al grano y, a menudo, con sentido del humor, J-R también es un maestro en hacer las preguntas precisas. Por ejemplo, años atrás, se produjo una situación en que yo no estaba de acuerdo con las acciones de un gerente del staff. Le escribí un correo electrónico a J-R al respecto, copiando al gerente. La respuesta que J-R me dio y que nos envió a ambos, fue: "¿Están diciendo que conocen el karma involucrado en la situación?". Eso me hizo aplicar los frenos a fondo. No, yo no conocía el karma. Además, J-R en ningún caso dijo que yo o el gerente estuviéramos equivocados. ¡Brillante!

Siempre Contigo

Una de mis funciones en el staff es prestarle asistencia a J-R con las cartas que la gente le escribe. He visto una y otra vez la "magia" que tiene el escribirle al Viajero, es decir, que cuando alguien le escribe y envía (o quema) su carta, las cosas suelen comenzar a cambiar para la persona. J-R ha explicado cómo funciona esto: "Yo recibo la carta espiritualmente cuando la escribes, porque tú y yo estamos en contacto a través del Viajero Místico que está en mí y está en ti. Es el mismo Viajero en los dos. La comunicación es entre tú y tu centro, que es el Viajero".

A modo de ejemplo, a continuación transcribo parte de una carta que alguien le envió a J-R: "Después de tantos años de trabajar contigo, no puedo decir que me haya sorprendido el hecho de que, unos cinco minutos después de haberte enviado una carta por correo electrónico, yo empezara a recuperar mi equilibrio, tanto emocional como físico. A la hora, ya me sentía realmente bien y, al día siguiente, había recuperado mi alegría. No sé por qué razón funciona, pero es mágico: un estado de honestidad completa que reconoce el sufrimiento y los miedos y que luego te lo entrega todo a ti. Soy tan afortunado de estar vivo mientras tú estás en el planeta".

J-R se refiere a este tema en una Sesión de Preguntas y Respuestas:

Pregunta: Hay tantas preguntas que podría hacerte.

J-R: ¿Por qué no las anotas en un papel y te sientas y las contestas? Tú tienes la misma capacidad de acceder al Espíritu que yo. Pero eres perezoso y no lo quieres hacer. Pero tienes la capacidad. Terminarías prácticamente con la misma respuesta. La única diferencia real es que yo tengo más experiencia que tú haciéndolo y, por lo tanto, probablemente pueda suponer la respuesta más rápidamente. Pero una vez que obtengas la respuesta, ésta va a ser la misma, porque la respuesta es igual cuando es verdadera.

Pregunta: Tu capacidad de llegar a ella y tu rapidez para llegar a ella parecen tanto más claras.

J-R: Es el resultado de toda la práctica que tengo. Pero eso no te perjudica a ti en lo absoluto. Yo estoy contigo todo el tiempo. Y cuando no lo estoy físicamente, lo estoy espiritualmente. No hay ningún lugar en el que no estén los Viajeros.

Otra persona le escribió a J-R: "Cada vez que pido interiormente tu ayuda, la recibo tan pronto la plegaria termina. Es una plegaria diaria, a veces varias veces al día, en que le pido a mi Viajero interior que esté conmigo y que me ayude. Sé que cada vez que pido ayuda, la recibo". J-R también recibe la información espiritualmente en cuanto alguien pone un nombre en cualquiera de las Listas de Oración del MSIA o en cuanto alguien deja un mensaje en las oficinas del MSIA o de la *Heartfelt Foundation* (Fundación Heartfelt).

Pregunta: Si pido en mi interior que se le envíe la Luz a alguien, ¿es menos efectivo que si te hablo o te escribo, o llamo a las oficinas del MSIA y pido que tú lo hagas?

J-R: Es igualmente efectivo si tú lo pides internamente. También puedes escribirme una carta y quemarla. No tiene que hacerse físicamente porque el trabajo que yo realizo se hace espiritualmente y es instantáneo, en cuanto lo pides internamente.

Una de mis respuestas favoritas de J-R se la dio por correo electrónico a una persona que lo había contactado mediante nuestro sistema de "walkie-talkie" temprano ese día para informarle sobre un problema. Ella le escrbió: "Gracias por haber estado al alcance de nosotros hoy. Es una bendición tan grande saber que estás a sólo una llamada de walkie de distancia". La respuesta de J-R fue: "Estoy mucho más cerca que eso. ¡Realmente!".

Ésa es una promesa espiritual que guardo muy cerca de mi corazón y que he visto hacerse realidad una y otra vez, tanto para mí como para otros. Tal como J-R dice: "El significado más profundo de que el Viajero está contigo se expresa principalmente en que nunca estás solo". También le he oído decir: "En mi corazón, tú estás despierto; el próximo paso es que tú despiertes a mí en *tu* corazón".

Lo que sigue es una nota que recibí de una mujer que le envió una carta a J-R por correo electrónico. Al poco rato de mandar la primera carta, me escribió: "Ya no es necesario que molestes a J-R con esto. Encontré mis propias respuestas. Parece que tenía que escribirle a él directamente y después hacer e.e.'s para conseguir mis respuestas". Parece que ésta es una gran clave: acudir al Viajero internamente, ya sea escribiendo y quemando la carta, o escribiendo y mandando la carta, y luego abrirte a la orientación que recibas en tu interior.

Y puede ser muy rápido. He aquí, la carta de un hombre que le había escrito diciendo que se sentía muy mal y deprimido. Por casualidad, encontró un recordatorio que se había hecho a sí mismo de escribirle a J-R. En su carta decía: "Apenas puse: 'Querido J-R', las cosas empezaron a cambiar". Finalmente, decidió no enviar la carta sobre su depresión. Para mí, eso habla del poder que tiene nuestra intención de conectarnos con el Viajero, lo que permite que ese apoyo amoroso comience a inundarnos. O tal vez, que se derrame hacia fuera desde nuestro interior.

Una vez, una mujer compartió una historia maravillosa: "Un incendio forestal se acercaba a nuestra casa a pasos agigantados, por lo que la policía nos advirtió que debíamos estar preparados para ser evacuados. Llamé a las oficinas del MSIA a las 4:00 de la mañana y dejé un breve mensaje sobre la situación y pedí la Luz. En cuanto hice esa llamada, el viento cambió de dirección y empezó a soplar en dirección opuesta a nuestra casa; finalmente, no hubo necesidad de evacuarnos".

¿Coincidencia? Tal vez. Aunque no lo creo. He visto este tipo de cosas suceder tan a menudo a través de los años, que a mí me parece mucho más que eso. Y cuando recuerdo que J-R ha dicho: "Estoy siempre contigo", lo absorbo dentro de mí y me relajo en esa presencia amorosa que facilita tanto la vida en este mundo.

Realmente Siempre Contigo

A finales de los ochenta, recibí una llamada de una persona que me pidió que le avisara a J-R que una mujer, que voy a llamar Susana, había muerto unos treinta segundos antes. Enseguida llamé a J-R y le dije: "J-R, tengo algo que decirte", y el acotó: "Lo sé. Susana acaba de morir. Ya la tengo".

Algunos años después, recibí una llamada a media mañana de otra persona que me informó que una mujer, que voy a llamar Carolina, había muerto hacía diez minutos. Como J-R tenía la tendencia a ser noctámbulo y recordando que, incluso antes de que yo le dijera materialmente que Susana había muerto, él ya lo sabía, no sentí ningún apremio por llamarlo en ese mismo momento. Esperé hasta escuchar su voz en el "walkie-talkie", unos diez a quince minutos después. Entonces, lo llamé por el "walkie-talkie" y le dije que Carolina había muerto hacía "unos veinticinco minutos, más o menos". Dijo: "Gracias", e inmediatamente me llamó por teléfono preguntando cuando era que Carolina había muerto. Calculando el tiempo exacto que había transcurrido, le dije: "Hace diecisiete minutos", y él me contestó: "Eso es lo que yo tenía".

Al día siguiente de la muerte de un hombre del MSIA, su esposa preguntó si había algo que J-R pudiera decirle acerca de su marido que la reconfortara. La respuesta de J-R fue: "De hecho, ha estado aquí conmigo en Miami haciendo trabajo espiritual con la gente de Sudamérica. Él está bien".

"Bien" parece una buena palabra para finalizar. Me alegro de que J-R recuerde que soy un Alma (bien) incluso cuando estoy atravesando mi karma. También estaré bien después de dejar el cuerpo físico porque soy un Alma que nunca muere. Y estoy especialmente bien porque J-R estará conmigo a través de todo lo que yo viva, para siempre.

Así que, como dice J-R al final de los seminarios: "Baruch Bashan".

Glosario

Alma. Extensión de Dios individualizada en el interior de todo ser humano. Lo divino en las personas, el Cristo Interno, el Dios interno.

Baruch Bashan (baruj bachán). Palabras hebreas que significan: "Las bendiciones ya existen". Las bendiciones del Espíritu existen en el aquí y el ahora.

Bienamado. El Alma, el Dios Interior.

cantar o entonar. En el MSIA, cantar el *Ani-Hu* (anai-jiu), el *Hu* (jiu) o el tono de iniciación personal. *Hu* es una palabra en sánscrito que corresponde a un antiguo nombre de Dios, y la voz *Ani* agrega la cualidad de empatía.

Conciencia del Viajero Místico. Energía proveniente de la fuente más elevada, cuya directiva espiritual en la Tierra es despertar a las personas a la conciencia del Alma. Esta conciencia existe dentro de cada persona como el Viajero Interno.

Corriente del Sonido. Energía audible que fluye desde Dios a través de todos los reinos. Energía espiritual mediante la cual una persona regresa al corazón de Dios.

Cumpliendo Tu Promesa Espiritual. Libro en tres tomos que resume las vastas enseñanzas de John-Roger sobre la Trascendencia del Alma. Incluye explicaciones sobre conceptos generales (como, por ejemplo, el karma, la reencarnación y la conciencia humana) e información acerca de áreas tales como las relaciones, los sueños, la iniciación y el propio camino espiritual. Disponible en inglés en copia impresa y en pdf. (En proceso de traducción al español).

Disertaciones. Las Disertaciones del Conocimiento del Alma son cuadernillos que los estudiantes del MSIA leen de a uno por mes como su estudio espiritual personal.

Espíritu. La esencia de la creación. Infinita y eterna.

Estudios de Luz. Sesiones de consejería individuales que solía hacer John-Roger.

***Heartfelt Foundation* (Fundación Heartfelt).** Organización dedicada a ayudar a las personas necesitadas a través del poder curativo del servicio de corazón. Fundada por John-Roger.

iniciación causal. Ver *iniciación.*

iniciación del Alma. Ver *iniciación.*

iniciado. En el MSIA, persona que ha sido conectada con la Corriente del Sonido de Dios a través de la iniciación.

iniciación. En el MSIA se dan cinco iniciaciones físicamente: la astral (trata con la imaginación), la causal (trata con las emociones), la mental (trata con la mente), la etérica (trata con el inconsciente) y la del Alma (quien la persona es realmente); se dan tonos de iniciación para cada uno de esos niveles. También existen veintisiete niveles de iniciación por sobre el nivel del Alma, para los cuales no se dan tonos.

Insight II. La organización Seminarios Insight ofrece una serie de seminarios cuyo propósito es ayudarle a la gente a tomar mayor conciencia de quienes son realmente. Existen el Insight I, que es el Despertar del Corazón, el Insight II, que es la Apertura del Corazón y el Insight III, cuyo objetivo es Centrarse en el Corazón. Fundada por John-Roger.

***Integrity Foundation* (Fundación Integridad).** Organización que premia la integridad y el don de servicio. Fundada por John-Roger.

karma. Ley de causa y efecto: "Cosechas lo que siembras". La responsabilidad que tiene cada persona por sus propias acciones.

Lista de Oración del MSIA (Cadena de la Luz). Lista confidencial de nombres, donde la gente puede pedir que la Luz del Espíritu Santo sea enviada a una persona, lugar, situación, animal, etc., para el mayor bien. Accesible en línea (www.msia.org/cadenadelaluz), o llamando a las oficinas del MSIA.

Luz. Energía del Espíritu que impregna todos los reinos de la existencia. También referida como la Luz del Espíritu Santo.

ministro. Al cumplir dos años de estudio en el MSIA, una persona puede pedir ser ordenado ministro; muchas personas que estudian en el MSIA también son ministros.

Movimiento del Sendero Interno del Alma (MSIA). Organización cuyo enfoque principal es la Trascendencia del Alma, lo que implica tomar conciencia de que somos un Alma y uno con Dios, no en teoría sino como una realidad viviente. John-Roger es su fundador.

organizaciones fundadas por John-Roger. Las siguientes organizaciones están en funcionamiento actualmente: Movimiento del Sendero Interno del Alma (MSIA), *Peace Theological Seminary & College of Philosophy* (Seminario Teológico y Escuela de Filosofía Paz) (PTS), Universidad de Santa Monica (USM), Seminarios Insight, *Institute for Individual & World Peace* (Instituto para la Paz Individual y Mundial (IIWP), y *Heartfelt Foundation* (Fundación Heartfelt).

organizaciones hermanas. Ver *organizaciones fundadas por John-Roger.*

PAT IV. El cuarto de una serie de Entrenamientos de Conciencia de Paz. Los viajes PAT IV han sido a Israel, Egipto e Italia.

Prana. Edificio en Los Angeles (California) que alberga a residentes y es sede del MSIA. Actualmente se le conoce de una manera más oficial como *Peace Awareness Labyrinth & Gardens* (Jardines y Laberinto de Conciencia de la Paz).

Reglas Fundamentales del MSIA. No te lastimes ni lastimes a los demás. Cuídate para que puedas ayudar a cuidar a otros. Usa todo para elevarte, crecer y aprender.

seminario. Charla dada por John-Roger o John Morton.

Reino del Alma. El primer nivel donde el Alma toma conciencia de su verdadera naturaleza, de su ser puro, de su unicidad con Dios de manera consciente.

Trascendencia del Alma. Proceso de trasladar la conciencia al Reino del Alma y más allá.

tono de iniciación. En el MSIA, palabras cargadas espiritualmente (nombres de Dios) que se le dan al iniciado cuando recibe la iniciación en la Corriente del Sonido.

tonos. Ver *tono de iniciación.*

veintisiete niveles por sobre el Alma. Ver *iniciación.*

Viajero: Ver *Viajero Místico y Conciencia del Viajero Místico.*

Viajero interno. Ver *Conciencia del Viajero Místico.*

Viajero Místico. Se refiere a la persona o personas que físicamente anclan la energía de la Conciencia del Viajero Místico en el planeta.

Recursos y Materiales de Estudio Adicionales por John-Roger, DCE

Libros

Cumpliendo Tu Promesa Espiritual

Si alguna vez has querido preguntarle algo a John-Roger, lo más probable es que encuentres la respuesta aquí. Este libro, dividido en tres tomos, es un compendio de toda la información que John-Roger ha compartido con nosotros a través de muchos años. Además de contar con un índice que facilita la ubicación de los tópicos, sus veinticuatro capítulos contienen una riqueza de información en temas tales como el karma, el Viajero Místico, la iniciación y los sueños, así como la actitud, las relaciones, la salud y la espiritualidad práctica.

El Guía Espiritual

Este libro demuestra que John-Roger efectivamente ha recorrido el sendero del despertar no sólo una vez, sino en muchas oportunidades anteriores. Y, por ciertos parámetros, él no siempre tuvo éxito al hacer el viaje. No obstante, cada uno de ellos le fue revelando más y más acerca del trayecto. Éste es un viaje en el cual todos estamos embarcados a nuestra manera personal.

John-Roger ha sido muchas cosas en ésta y en otras vidas, así como todos nosotros. Lo importante es que él lo recuerda y ha aprendido de su experiencia. En este libro descubrirás que todo lo que John-Roger ha sido, fue una preparación para ser lo que hoy es: un verdadero Guía Espiritual.

¿Cuándo Regresas A Casa?
Una Guía Personal Para La Trascendencia Del Alma
(con Pauli Sanderson, DCE)
Relato profundo sobre el despertar espiritual, que tiene todos los ingredientes de una narrativa de aventuras. ¿Cómo adquirió John-Roger la conciencia que lo identifica verdaderamente? Este libro nos explica que John-Roger encaró su vida como un científico en un laboratorio, descubriendo maneras de integrar lo sagrado con lo mundano, lo práctico con lo místico, y discerniendo lo que funciona de lo que no lo hace. Junto con relatos fascinantes, en este libro encontrarás muchas claves prácticas que te ayudarán a mejorar tu vida, a sintonizarte con la fuente de sabiduría que está presente en ti todo el tiempo y a

conseguir que cada día te impulse con mayor fuerza en tu emocionante aventura de regreso a casa.

AUDIO

El Guía Espiritual
En este paquete compuesto por cuatro seminarios en CD, puedes escuchar de labios de John-Roger las historias sobre su viaje espiritual, los cuales inspiraron la publicación del libro bajo el mismo nombre. Los seminarios que se incluyen son: En Busca de un Maestro; El Maestro y el Charco de Lodo; Mi Reino por un Caballo y El Ser Verdadero. Las historias son graciosas y conmovedoras y apuntan al mensaje profundo del trabajo espiritual que John-Roger ha venido a hacer. Escuchar las historias personales de J-R sobre su búsqueda es inspirador, ya sea que hayas incursionado en un sendero espiritual por un tiempo o que las experiencias espirituales sean algo nuevo para ti.

Disertaciones del Conocimiento del Alma
Un Curso Sobre La Trascendencia del Alma

Las Disertaciones del Conocimiento del Alma tienen como propósito enseñar la Trascendencia del Alma, que es tomar conciencia de que somos un Alma y uno con Dios, pero no en teoría, sino como una realidad viviente. Ellas están dirigidas a personas que buscan un enfoque sistemático en su desarrollo espiritual y que el mismo se prolongue en el tiempo.

Las Disertaciones del Conocimiento del Alma son un conjunto de doce cuadernillos que se estudian y contemplan de a uno por mes. A medida que vas leyendo cada una de las Disertaciones, la conciencia de tu esencia divina puede activarse y tu relación con Dios profundizarse.

Espirituales en esencia, las Disertaciones son compatibles con cualquier creencia religiosa. De hecho, la mayoría de sus lectores considera que las Disertaciones apoyan su experiencia en el sendero, filosofía o religión que hayan elegido seguir. En palabras simples, las Disertaciones tratan sobre verdades eternas y hablan de la sabiduría del corazón.

El primer año de Disertaciones aborda temas que van desde la creación del éxito en el mundo hasta el trabajo de la mano del Espíritu.

La serie de doce Disertaciones para un año tiene un valor de US$100 (cien dólares). El MSIA está ofreciendo el primer año de Disertaciones a un precio de introducción de US$50 (cincuenta dólares). Las Disertaciones vienen con una garantía de devolución de dinero sin cuestionamientos. Si en algún momento decides que estos estudios no son para ti, simplemente devuelve la serie completa y recibirás el reembolso total de tu dinero.

Para Ordenar Materiales

Para ordenar los libros, CD's, DVD's y Disertaciones, ponte en contacto con el MSIA llamando al (323) 737-4055 (EE.UU.), o envía un correo electrónico a pedidos@msia.org, o simplemente visita nuestra tienda en línea en www.msia.org.

SOBRE LOS AUTORES

John-Roger, DCE[4]

Maestro y conferenciante de trayectoria internacional, John-Roger es una inspiración en la vida de muchas personas alrededor del mundo. Durante más de cinco décadas, su sabiduría, buen humor, sentido común y amor han ayudado a muchas personas a descubrir el Espíritu en ellas mismas, a sanar y a tener paz y prosperidad.

Con dos libros escritos en colaboración, que alcanzaron el primer lugar de ventas de la lista del *New York Times* y con más de cuarenta libros y materiales de audio sobre auto-ayuda, John-Roger ofrece un conocimiento extraordinario en una amplia gama de temas. Fundador y consejero espiritual de la iglesia sin denominación de culto *Movement of Spiritual Inner Awareness*

---

4 Doctor en Ciencia Espiritual, programa de postgrado ofrecido por el *Peace Theological Seminary & College of Philosophy*, www.pts.org.

(Movimiento del Sendero Interno del Alma, MSIA), el cual se enfoca en la Trascendencia del Alma, fundador y primer presidente, y actualmente canciller de la *Santa Monica University* (Universidad de Santa Monica), fundador y canciller del *Peace Theological Seminary & College of Philosophy* (Seminario Teológico y Escuela de Filosofía Paz, PTS), canciller de la *Insight University* (Universidad *Insight*) y fundador y consejero espiritual del *Institute for Individual and World Peace* (Instituto para la Paz Individual y Mundial, IIWP) y de *The Heartfelt Foundation* (Fundación *Heartfelt*).

John-Roger ha dado más de seis mil conferencias y seminarios en todo el mundo, muchos de los cuales se transmiten a nivel nacional (EE.UU.) en su programa de televisión por cable, *That Which Is*, a través de *Network of Wisdoms*. Ha aparecido en numerosos programas de radio y televisión, habiendo sido invitado estelar en el programa *Larry King Live*. También es co-autor y co-productor de las películas *Spiritual Warriors* (Guerreros Espirituales) y *The Wayshower* (El Guía Espiritual).

Educador y ministro de profesión, John-Roger continúa transformando vidas al educar a las personas en la sabiduría del corazón espiritual.

Betsy Alexander

Betsy Alexander ha estado estudiando con John-Roger durante cuarenta años. Se unió al staff del MSIA en 1984, trabajando en libros y otras publicaciones del MSIA. También asiste a John-Roger y a John Morton en la correspondencia que ellos reciben. Tiene el grado de magíster de la *University of Santa Mónica* y del *Seminary & College of Philosophy* (SeminarioTeológico y Escuela de Filosofía Paz, PTS).

Para más información, contactarse con el
Movimiento del Sendero Interno del Alma

MSIA
P.O. Box 513935,
Los Angeles, CA. 90051-1935 – EE.UU.
Teléfono: (323) 737-4055 en EE.UU.
pedidos@msia.org, www.msia.org

Para más información sobre John-Roger,
visita el sitio web:
www.john-roger.org

Para una entrevista con el autor o para una charla,
ponerse en contacto con Angel Harper:
Mandeville Press
3500 West Adams Blvd.
Los Angeles, CA 90018, EE.UU.
(323) 737-4055, ext. 1180

angel@mandevillepress.org

MANDEVILLE PRESS

P.O. Box 513935
Los Angeles, CA 90051-1935, EE.UU.
(323) 737-4055

www.mandevillepress.org
jrbooks@mandevillepress.org

www.ingramcontent.com/pod-product-compliance
Lightning Source LLC
LaVergne TN
LVHW051016080826
845145LV00009B/2647

* 9 7 8 1 9 3 6 5 1 4 8 3 0 *